LA EDAD LIGERA

Un jurado compuesto por

Amalia Bautista, Carmelo Guillén Acosta,
Julio Martínez Mesanza, Aurora Luque,
Enrique García-Máiquez y *Eloy Sánchez Rosillo*

concedió a este libro
un ACCÉSIT del PREMIO ADONÁIS 2020

MARTA JIMÉNEZ SERRANO

LA EDAD LIGERA

ADONÁIS

679
EDICIONES RIALP
Madrid

Ediciones Rialp, S.A. - Manuel Uribe 13-15 - 28033 Madrid
ISBN (versión impresa): 978-84-321-5359-4
ISBN (versión digital): 978-84-321-5360-0
Preimpresión: produccioneditorial.com
Depósito Legal: M-1575-2021
Printed in Spain - Impreso en España

Estilo Estugraf, S.L. Ciempozuelos (Madrid)

Que a fuerza de ser una ya no es ala.

CÉSAR VALLEJO

Io spero di dicer di lei quello che mai
non fue detto d'alcuna.

DANTE ALIGHIERI

¿...y lo dijiste, acaso?
¿Cómo?
¿Cuándo?

Dónde en la terza rima
en cuál de los cien cantos
se cuenta cómo era su escalofrío
al besarla en el cuello

en qué modo el hastío
la apagaba,
cómo coge la taza de café
cómo se indigna
con según qué noticias
cómo se rinde con una caricia
que baja por su espalda.

Dónde queda explicada su malicia
al hablar de la gente,

lo que le cansa tanta multitud
y esa plenitud
que alcanza cuando está con un amigo
que la entiende y la enfrenta.

En cuál de los más de cuatro mil versos
la has notado sedienta
triste
altiva
o poderosamente insoportable.

Dónde te preguntas si no es probable
que ella quizás se aburra
—inmóvil, muda—
esperando brillante entre los astros.
Si no duda
de ti, si no le abruma
la carga cósmica, cruda
que has puesto sobre sus hombros.

El asombro
de Bea al verte atravesar los círculos
y tú pensando ingenuo que es por ella.

Y ella por más que busca
no halla el vínculo.
No puede ser concepto, fin o excusa.
No puede ser la musa ni el atajo.

Curiosa, mira lúcida hacia abajo
y salta de su nube

y mientras cae, el ánimo le sube
feliz, ligera, ancha

descendiendo se mancha
de neón
helio
metano
ozono
yodo

silicato
magnesio
hierro
níquel

y cuando llegas tú
a las estrellas
Bea está a años luz
ardiendo, incontestablemente ella.

LA SED

LA sed
parece inmemorial,
pero es mentira.
Se estira hasta nacer cada minuto
—siembra el erial,
dora el luto—
y vuelve a aparecer
sin morir nunca.

El día empieza
cada tres segundos.

Sudas
y es una gota siempre nueva.
Mudas la piel
con cada rayo de aire
y es una boca distinta
la que se abre
siempre para el mismo beso.

Te profeso esta sed
te la regalo

en cada novedad reconfortante,
recreo fundamental.

Deseo, sed de sal:
me chupas y te escuezo.
La boca siempre es igual,
varía el rezo.

LABIO que besa la leve
libélula de saliva,
la trapecista lasciva
de boca a boca se mueve.
Bajo la sábana breve
se encaja, se da, se deja
mi nariz bajo tu oreja
mientras dormimos. Tu mano
magnética sobre el plano
de mi cintura perpleja.

Nos duele el cuello y el codo
en su flexión imposible.
Combina el cuerpo sensible
clavículas y recodos.
Cálido y bélico, el todo
catártico, hueso a hueso,
va completando el proceso
de engranaje de sus piezas.
Choca con delicadeza
mi frente contra tu beso.

Ensamblados ya, sumidos
en un aliento silente

duermen dos pieles calientes
aisladas de todo ruido.
Aquí no llega el sonido
ni la aspereza del mundo.
No hay centímetros, segundos,
abecedarios, costumbres.
No hay nada: solo esta lumbre
suave en su sueño profundo.

ABRUMADA, quizás
—ahora lo entiendo—
por este sentimiento sin palabras.

No es por quitarte mérito
pero tu viaje astral,
tu eros y magia
lo han contado Culianu,
Dante,
Eneas.
Lope veló su Marta,
Acis su Galatea.
Lo he contado hasta yo
cuando creí querer
y escribía sonetos a la luna
y a chicos que jamás los entendieron.

Lo que tú sientes está
versado en cuarenta lenguas
de viaje submarino al Paradiso,
está pintado en el friso
de los palacios de Oriente,
está en tu frente despierta

cuando lees a Garcilaso:
te lo han nombrado mil veces
y ahora lo renuevas tú.

Abrumada, tal vez,
por el silencio sordo
de saberme muda yo,
todas mis yos, todas ellas.
Altas, claras, buenas, bellas:
no tienen nombre las huellas
de mi corazón latente
porque no quedó patente
qué sintió Marta, admirada
cuando aquel Fénix posaba
la mano sobre su frente.

Así un silencio blanco,
una página vacía,
un sinnombrarse feliz.
Cómo escribir, dónde están
las palabras inasibles,
cómo encontrar un lenguaje
para contar lo invisible,
lo que sentía Beatriz.

SABERTE en otro lado
siendo sin mí
durmiendo en otra cama
haciéndote tu trama
sin mis hilos
no me importa.

Absorta pienso
y te imagino en vilo
paseando tus ojos por las calles
parte, juez y testigo.
Paseando esos ojos
los que quiera que sean
cuando no están conmigo.

No me asusta
saberte lejos y saberme sola.
Me gusta
lidiar yo con el tiempo, entero y todo,
como un folio
expandido de vacío.
Me parece muy bien este episodio
en que lo tuyo escapa de lo mío.

Todo bien: la modernidad, la estancia
vacía de tu voz tarareando,
la autonomía feroz de la distancia,
cocinar siempre yo,
ser sólo un bando.

Sé cómo hacer: mis cosas, mis cuadernos,
mis musas y mis muses,
este invierno
lleno de sol y amigos.
Cada rato del día es una suerte,
aunque no esté tu presencia
rodeándome de abrigo.

Sólo un pequeño
nimio cabo suelto
absuelto de razón
y de consciencia.

Sólo un detalle
tonto, leve, vago
que no sé gestionar
aunque lo intente:
fiera urgencia de verte.

Dime qué hago
con la urgencia de verte.

SI me vas a decir:
Ángel de amor, ¿no es verdad
que en esta orilla apartada
la luna brilla estrellada
y se respira mejor?
Sabe que soy asmática y alérgica
que en las orillas de los ríos toso
que es famoso
mi pronto repentino, inoportuno
y que prefiero un trino
si sale por las ondas de la radio.

Y si vas a exclamar un socorrido:
Luz de mi vida, fuego de mis entrañas,
pecado mío, alma mía, bo-ni-ta.
Sabe que me apago como una vela
después de un día largo
si me encargo de alguna burocracia
o si estoy muy cansada.
Me pongo insoportable cuando enfermo
y nada me hace gracia de mañana.
Soy muy desagradable algunos lunes.
Jamás hablo
durante el desayuno.

Antes de que profieras:
Yo quiero hacer contigo
lo que en la primavera hacen los conejos,
sabe que no aguanto un festejo por compromiso
ni el pálpito sumiso
a cada rato.
Siempre acato
la máxima vital que inunda el deseo:
que todo lo que veo se vuelva espuma.
Seamos pumas
peleando en la sabana en un cuerpo a cuerpo
sin más conexión astral
que lo que rezuma.

Si vas a contemplarme
y hablarme de mi pupila azul como el cielo,
sabe que es verde clara como la tila
y marrón como el suelo.
Y si vas a decirme
que poesía soy yo
sabe
ángel de amor
corazón de bruma
que poesía soy yo
porque soy la pluma.

NI corceles ni cárceles de amor,
ni descender para ascender al cielo.
Yo no quiero —extasiada
asomada a algún balcón—
idealizar el duelo.

Olvida la armadura, el casco y el escudo,
y la historia del tipo sorteando siete pruebas.
Ruborizado y simple: te prefiero desnudo
como la luna nueva.

Ni una rosa partiendo en dos mi pecho
ni lágrima, cristal en la mejilla,
ni la promesa –hincada tu rodilla–
endiosando los hechos.

Solo al llegar a casa y mirar el edificio
la ventana encendida a la altura del segundo
la cerveza entre dos al acabar el día,
bálsamo y artificio contra el ruido del mundo.
Y que al ir coger
el vaso al mismo tiempo
tu mano aún en silencio
acaricie la mía.

EL DOLOR

DESPÍDETE, di adiós, abraza, besa
la cortesía inerte de tu cara.

Ilesa
es solo la sonrisa que no existe,
la brisa por detrás de la mampara.
Di adiós
dale valor
a tu alma triste,
escúchate con todo.
Atraviesa el dolor,
no hay otro modo.

Profesa
tu cariño más sagrado
a los días peores.
Sólo si los enfrentas
se terminan.
Sólo si los afrentas
te iluminan.

Métete en el dolor,
navega dentro.

Pregúntale a tu duelo
qué requiere de ti,
con qué escalpelo
fue capaz de un tajo
tan limpio y breve.

No busques un atajo:
está lo leve
al final de lo denso.
El dolor no es inmenso
pero es inevitable.
Dile adiós
a la sonrisa amable
al cándido perfil.

Y después ya veremos
si me dices adiós también a mí.

DESEO

APENAS. Dos. Y uno. Este deseo
que no sé dónde está, dónde se extiende,
en qué punto del aire se suspende…
Dos. Uno y dos. Este sudor. Te veo

mirarme así. Deseo. Dos. Te toco
como si pretendiera comprobarte.
Estás ahí. La urgencia de agarrarte.
Ganar en densidad, perder en foco.

Cálida boca di: si esto no es mío
ni tuyo, de quién es. La piel. Deseo
que se revela nuestro y soberano.

Dos. Uno y dos. Una ofensa al vacío.
Esta respiración. Rubor. Te veo
mirarme sin pudor. Mi sed. Tu mano.

lábil
Del lat. labĭlis.
1. adj. Que resbala o se desliza fácilmente.
2. adj. Frágil, caduco, débil.
3. adj. Poco estable, poco firme en sus resoluciones.
4. adj. Quím. Dicho de un compuesto: Inestable, que se transforma fácilmente en otro.

LÁBIL. Húmeda. Fácil.
Como al entrar y salir
tú de mí.
—Tú. Quién eres tú—.
Escurridiza sin ser huidiza.
Sólo flexible
sólo fluida,
como el fluido que chupas tú
de mí.
—Yo. Qué cosa yo—.

Lábil.
Quiero ser lábil.
Frágil, caduca

como el rasgueo
contra mi nuca
de tu temblor
(Dios. Sol. Amor:
todo lo eterno
me da estupor).

Cederme meses,
años enteros
de estar confusa.
Desordenada, trémula
idea sin deducción.
No ser dicción
ni pensamiento.
Lábil. Me siento
una abstracción
inconsistente
de lo que pienso.

Lábil. Química. Grácil.
Como al querer compartir
sin exhibir.
–Dime: qué sabes de mí–
Modificable sin ser mutable.
Sólo permeable,
sólo extensiva,
así la deriva de tus palabras
en mi atención.
—Tú. La cinética. Yo—.

SÓLO sé que no se sabe.

Lo sé tanto
que soy sin duda alguna la primera
que lo enuncia en su cabeza.

Se palpa la certeza
de la duda:
nunca sabemos nada.

Y esta mañana clara
no me importa.
Paseo, leo, veo
que la vida no es corta
sino ancha
y que en lo más profundo
está lo leve.

Accedo al mundo
hoy sin mediadores.
Todo está ahí
yo estoy ahí,
en lo hondo
está lo más ligero.

Sobrevuelo
aceras y relieves.
Solo existe el minuto
en que me encuentro.

Disfruto
de no querer ya nada
más que este sol de invierno,
esta mañana
en la que cabe un beso o un cuaderno,
en la que caben, sí,
todas las cosas:
la geometría, la luna,
el calendario,
las horas insidiosas, la limpieza
las ásperas palabras del diario,
la tosquedad, la piel y la destreza,
la educación, la trampa,
la visita
amable, inoportuna.

Esta mañana
que podría tener todas las cosas
y que no necesita
de ninguna.

PIENSO ahora
que aquella acusación tuya
era cierta:
yo iba siempre a todo acelerada.
Tenía que cobrar una factura,
tenía que dar de alta una domiciliación,
tenía que llamar a Telefónica
y cancelar la línea.
No me quedaba espacio
para tu amor
—tan etéreo, tu amor—,
para tu tiempo.

Ya no te escribo poemas de amor,
ya no te escribo poemas de nada,
ya no te llamo amor en ningún sitio.
Pero si hoy te escribiera
un poema
por ejemplo
de amor
te diría que eras bueno,
que me querías tanto,
que tenías razón

y que alguien tiene, amor,
que cobrar las facturas,
alguien, capullito de alhelí,
ha de dar de alta la domiciliación,
alguien, corazón de frambuesa,
debería llamar a Telefónica
y cancelar la línea
de una buena vez.

No me hacía feliz ser esa,
se me hacía necesario.

Quise escribir un poema de amor,
amor,
y me salió un obituario.

1

TRAE tus obstáculos cínicos,
tus nostálgicos temblores,
tus viejos amores,
tus puntos sensibles
y el más atávico de tus temores.
Tu cara más egoísta,
tu lado más inflexible.
Trae tus pudores.

Ven con tu afán cataclista
y con todos tus sudores
a esta blanca cama deshecha.
Tus caricias, tus candores,
tus afecciones, tus brechas,
tus enemigos, tus culpas.
Vente con todo:
traumas, amantes,
vicios, disculpas,
contradicciones
o reacciones alérgicas.
Ven con tu lágrima tímida

o con tu táctica enérgica
de ocultación de ti mismo.

Detrás de tus espejismos
estás tú. Te veo.
Da los rodeos que gustes,
no me los creo.
Vente con tus desajustes,
yo los capeo.

Háblame sin un relato,
háblame como respiras.
Trae tus mentiras, tu olfato,
tu situación financiera,
el hueso de tu calavera.
Trae tu retrato.

Ven con todas tus costumbres,
con tus reparos afónicos,
con tu familia, tu anhelo.
Trae tus deseos agónicos,
tus convicciones, tus filias,
tus certidumbres,
tus celos,
tus antibióticos.

Trae ese vértigo drástico,
centro de tu cuerpo leve.
Deja que siga el relieve
de tu piel: tímida fiera,
rito fantástico.

Ven que te quiera
mientras me hablas.

Yo estoy desnuda.
No tengo nada más que otorgarte
que esta mirada.
La he despejado de dudas
para escucharte.

2

Hasta que ensucio el desnudo
de mi mirada en la cama
y traigo, también yo, la trama
de mis temores más crudos.

Sádico y bélico, el nudo
de mi confesión catártica
se desenlaza; el escudo
se cae al suelo,
desvelo
en paráfrasis anárquica
mis desconsuelos.

Voy. Me cuesta. Pero voy
con mis deudas, mis exnovios,
mis cábalas, mis agobios,
con lo que no sé que soy.

Llevo la piel erizada,
ojeras, besos, amigos
y enemigos, izada
la bandera de la paz.
Llevo un deseo rapaz
y toda mi inteligencia,
mis ganas de mejorar
y mi elocuencia.

Detrás de tanta consciencia
estoy yo. Me ves.
Oculta tras mi discurso:
no te lo crees.
Me despojas de recursos
cuando me lees.

Recito cáustica y lúcida
todos mis fallos. Batallo
contra mi imagen espléndida.
Como una ofrenda te entrego
mis muchas neurosis,
las cicatrices de todas
mis metamorfosis.
Mi ego,
mi pudor,
mis manías,
mi sudor,
mi estupor,
mis niñerías,
la lágrima en que me obceco

y el gélido y pálido hueco
de mi nevera vacía.

Llevo este nervio frenético,
hábito en mi cuerpo breve.
Sigue sutil el relieve
de mi piel: vértigo en vilo,
rito magnético.

Busco tu asilo
cuando te hablo.

Dame un remanso
de solidez, de calma, de abrigo.
Pon tu mirada
en mi desnudez y abraza
lo que te digo.

Equivocar el camino
es llegar a la mujer,
la mujer que no teme la luz,
la mujer que no teme a los gallos
y los gallos que no saben cantar sobre la nieve.

FEDERICO GARCÍA LORCA

LLÉGAME, llega a mí
aunque no se pueda,
aunque yo sí tema la luz
y tema el frío.

Llégate aquí.
Te comparto mi angustia
y mi sombra. Te lo he dicho:
sí le temo a la luz.

Darte mi miedo como si te diera
un taladro, un electrodoméstico, una alarma.
Quizá tú sepas cómo funciona,
cómo arranca
para qué puede servirnos.

Sellar el amor como quien cuelga un cuadro.
Entregar el miedo, no como soltarlo y huir
sino como quien abre un libro de instrucciones.
Yo no lo entiendo.
Tú tampoco.
No importa.
Viene en varios idiomas, pero ninguno sirve.

Llega a mí.
Temo la luz.
No sé decir: la luz
sí me da miedo.

Atraviesa esta incapacidad
que soy, que tengo.
No quiero decir nada,
pero te estoy llamando.

Dos necesariamente.
No como el cobre y el estaño
sino como las alas.
No para la pesantez
sino para el vuelo,
para estallar en el cielo
como la lucidez
de las bengalas.

En un libro es fácil: sueño con una heroína graciosa,
de ánimo sereno y paciencia de ángel,
la bautizo Constance y hala: ya está ahí.

CLAIRE LEGENDRE

YO nunca seré así,
es mejor que lo sepas ya.

No soy capaz
no me hace feliz
no puedo ser así
aunque lo intente.

No sé pintarme el ojo para que sea
más grande de lo que es.
Sólo a veces de llorar se vuelve
más pequeño de lo que es.

Me echo rímel
y lloro
y no sirve de nada.

Qué manías
tiene esta niña,
decían en mi casa.

Ahora que mi casa
eres tú,
qué dirás.

No soy delicada
pero soy frágil.
Soy más o menos flexible
pero no grácil.
No soy oportuna
no soy paciente
no sabría decirte lo que soy.

Pero no obtengo becas
ni trabajos remunerados
ni se publicará este poema en ningún sitio.
Si me pinto los labios
se quedan en el vaso.
Solo tengo tres pares de zapatos.
Me da pereza
fregar el baño
fregar los platos
hacer la compra.
No sé sumar,
restar,
multiplicar
ni calcular un porcentaje simple.

Qué pocos problemas
da esta niña,
decían en mi casa.

Qué dirás tú,
que ahora eres mi casa,
cuando te dé todos mis problemas.
Tengo unos tres o cuatro al día,
según humor estacional,
variable hormonal
y contexto histórico-social.

Qué bien se porta,
pero tú sabrás que no me porto bien.

Qué responsable,
pero tú me sabrás irresponsable.

Siéntate bien
cierra las piernas
ponte recta,

pero contigo
voy a tumbarme
con las piernas abiertas
y la espalda combada.

Y cómo se hace para cambiar de casa.
Y cómo sé que me querrás
aunque no te retenga.

Cómo entender que me querrás
con todo lo que no tengo.
Que nunca ha sido más tersa
mi piel que en tus manos.

Que basta
con la simpleza de lo que soy,
igual que un rayo de sol
le basta al verano.

AHÍ donde dicen todos
los estudios científicos que
acaba el amor,
tres años y dos meses más tarde.
Ahí donde los artículos
de periódico lo dan por concluido,
donde terminan las pelis
donde se deja la gente.
Ahí donde según diversas
universidades de prestigio mundial
el amor no tiene ya cabida.
Ahí
exactamente ahí
es donde el amor empieza.

Para Juan

EDAD. Una palabra que me gusta.
Di sal. Di ven. Di quédate. Los otros
son ahora los otros. El tiempo
quedó fuera del tiempo.

Edad que no atraviesa esto que hacemos.
Di no. Di ya. Di acércate. La casa
tiene ahora sentido: es una casa. La muerte
tiene ahora importancia: no te mueras.

Edad. Una palabra que está fuera.
Edad. Los dos. Di cásate. Di vale.
El tiempo dice somos calaveras.

Yo digo aquí no hay tiempo. Nos dormimos.
Tú dices duérmete. La edad ligera
no surte efecto. El beso.
El eco contra el hueso: no te mueras.

AGRADECIMIENTOS

Gracias a los primeros lectores de muchos de estos versos: Félix Tusell, Jorge López Ania, Paula Cueto, Joaquín Palencia, Raffaele Angelini, Jorge Onecha y Pablo Mato. Gracias a David Leo García, por la atenta y acertada lectura que hizo de este poemario. Y gracias muy especialmente a Juan Gómez Bárcena, que me animó a presentar estos poemas al Premio Adonáis; sin su insistencia probablemente seguirían siendo inéditos.

ÍNDICE

ADONÁIS
COLECCIÓN DE POESÍA

Director: CARMELO GUILLÉN ACOSTA

ÚLTIMOS VOLÚMENES PUBLICADOS:

650.–Julio Martínez Mesanza: GLORIA.

651-652.–SÉPTIMA ANTOLOGÍA DE «ADONÁIS». Prólogo de Luis Alberto de Cuenca.

653.–Santiago de Navascués: OTRO CIELO (Premio «Alegría» 2016).

654.–Sergio Navarro Ramírez: LA LUCHA POR EL VUELO (Premio «Adonáis» 2016).

655.–Bibiana Collado Cabrera: EL RECELO DEL AGUA (Accésit del Premio «Adonáis» 2016).

656.–Camino Román: ACCIDENTE (Accésit del Premio «Adonáis» 2016).

657.–José Antonio Fernández Sánchez: MINERAL Y LUZ (Premio «Alegría» 2017).

658.–Alba Flores Robla: DIGAN ADIÓS A LA MUCHACHA (Premio «Adonáis» 2017).

659.–Pablo Fidalgo Lareo: CRÓNICA DE LAS AVES DE PASO (Accésit del Premio «Adonáis» 2017).

660.–Álvaro Petit Zarzalejos: QUE AÚN ME DUELAS (Accésit del Premio «Adonáis» 2017).

661-662.–DIOS EN LA POESÍA ACTUAL (Antología). Edición de José Julio Cabanillas y Carmelo Guillén Acosta.

663.–Ana Sofía Pérez-Bustamante Mourier: SIBILARIO (Premio «Alegría» 2018)

664-665.–Mario Quintana: INTENTA OLVIDARME (Antología poética). Edición de Enrique García-Máiquez.

666.–Marcela Duque: BELLO ES EL RIESGO. (Premio «Adonáis» 2018).

667.–Guillermo Marco Remón: OTRAS NUBES (Accésit del Premio «Adonáis» 2018).

668.–José Alcaraz: EL MAR EN LAS CENIZAS (Accésit del Premio «Adonáis» 2018).

669.–Déborah García: TE DOY EL MAR. (Premio «Alegría» 2019).

670.–Joaquín Antonio Peñalosa: TODAVÍA HAY PRIMAVERA. TODAVÍA (Antología poética). Selección y prólogo de Fernando Arredondo.

671.–Enrique García-Máiquez: MAL QUE BIEN.

672.–María Elena Higueruelo: LOS DÍAS ETERNOS. (Premio «Adonáis» 2019).

673.–Diego Medina Poveda: TODO CUANTO ES VERDAD. (Accésit del Premio «Adonáis» 2019).

674.–Felicitas Casillo: EL CONTORNO DEL ROBLE (Accésit del Premio «Adonáis» 2019).

675.–Carlos Javier Morales: EL CORAZÓN Y EL MAR.

676.–Diego Roel: ANDRÉI RUBLIOV (Premio «Alegría» 2020).

677.–Daniel Cotta: ALUMBRAMIENTO.

678.–Abraham Guerrero Tenorio: TODA LA VIOLENCIA (Premio «Adonáis» 2020).

679.–Marta Jiménez Serrano: LA EDAD LIGERA (Accésit del Premio «Adonáis» 2020).

Las obras que han obtenido el Premio «Adonáis» aparecen numeradas en negrita.

ESTA PRIMERA EDICIÓN DE
«LA EDAD LIGERA»,
DE MARTA JIMÉNEZ SERRANO,
VOLUMEN 679 DE LA COLECCIÓN «ADONÁIS»,
PUBLICADA POR EDICIONES RIALP, S.A.,
MANUEL URIBE 13-15, MADRID,
SE ACABÓ DE IMPRIMIR EN LOS TALLERES DE
ESTILO ESTUGRAF, S.L.
CIEMPOZUELOS (MADRID),
EL DÍA 3 DE MARZO DE 2021.